Dans la même collection

ISBN: 2-07-039526-X
© Éditions Gallimard, 1985
1er dépôt légal: Septembre 1985
Dépôt légal: Septembre 1992. Numéro d'édition: 57039
Imprimé par la Editoriale Libraria en Italie

LE LIVRE DE TOUS LES FRANÇAIS

COLLECTION DECOUVERTE CADET

Olivier de Tissot

Illustrations
Roger Blachon

GALLIMARD

DECLARATION
des droits de l'homme et du citoyen du 26 août 1789.

Les représentants du peuple français, constitués en Assemblée nationale, considérant que l'ignorance, l'oubli ou le mépris des droits de l'homme sont les seules causes des malheurs publics et de la corruption des gouvernements, ont résolu d'exposer, dans une déclaration solennelle, les droits naturels, inaliénables et sacrés de l'homme, afin que cette déclaration, constamment présente à tous les membres du corps social, leur rappelle sans cesse leurs droits et leurs devoirs...

Article 1er

Les hommes naissent et demeurent libres et égaux en droits. Les distinctions sociales ne peuvent être fondées que sur l'utilité commune.

Article 2

Le but de toute association politique est la conservation des droits naturels et imprescriptibles de l'homme. Ces droits sont la liberté, la propriété, la sûreté, et la résistance à l'oppression.

Article 4

La liberté consiste à pouvoir faire tout ce qui ne nuit pas à autrui. Ainsi, l'exercice des droits naturels de chaque homme n'a de bornes que celles qui assurent aux autres membres de la société la jouissance de ces mêmes droits. Ces bornes ne peuvent être déterminées que par la loi.

Article 5

La loi n'a le droit de défendre que les actions nuisibles à la société. Tout ce qui n'est pas défendu par la loi ne peut être empêché, et nul ne peut être contraint à faire ce qu'elle n'ordonne pas.

Article 9

Tout homme étant présumé innocent jusqu'à ce qu'il ait été déclaré coupable, s'il est jugé indispensable de l'arrêter, toute rigueur qui ne serait pas nécesaire pour s'assurer de sa personne, doit être sévèrement réprimée par la loi.

Ce livre appartient à

....

La déclaration des droits de l'homme et du citoyen

Sera puni d'un emprisonnement de 2 mois à 2 ans, et d'une amende de 3 000 à 40 000 F tout dépositaire de l'autorité publique ou citoyen chargé d'un ministère public qui, à raison de l'origine d'une personne, de son sexe, de sa situation de famille ou de son appartenance ou de sa non-appartenance à une ethnie, une nation, une race ou une religion déterminée, lui aura refusé sciemment le bénéfice d'un droit auquel elle pouvait prétendre.
Art. 187-1 Code pénal

Deux textes essentiels définissent les règles de notre vie en société : la déclaration des droits de l'homme de 1789 et le préambule de la constitution de 1946.

Tous les Français, hommes ou femmes, ont les mêmes droits politiques (droit de vote...) et les mêmes droits civils (droit de propriété...). Ils ont aussi les mêmes devoirs : payer des impôts et respecter les lois, entre autres. Ils élisent périodiquement leurs dirigeants pour une durée limitée, leur donnant des pouvoirs strictement définis par la constitution.

Les hommes naissent et demeurent libres et égaux en droits.

Article 1 Déclaration des droits de l'homme et du citoyen

Il est interdit, sous peine d'emprisonnement, à toute personne quelle que soit sa profession ou son activité, d'agir avec quelqu'un différemment selon que celui-ci est noir ou blanc, français ou étranger, homme ou femme, catholique ou protestant...

Les lois qui définissent ce qu'il est interdit de faire ou de ne pas faire sont votées par les députés (élus du peuple). Elles ont pour but la défense de l'intérêt général et doivent, par conséquent, être justes et égales pour tous.

Tout ce qui n'est pas défendu par la loi est permis.

Les droits naturels et imprescriptibles de l'homme sont la liberté, la propriété, la sûreté et la résistance à l'oppression.
Art. 2 Déclaration des droits de l'homme et du citoyen

La liberté consiste à pouvoir faire tout ce qui ne nuit pas à autrui.
Art. 4 Déclaration des droits de l'homme et du citoyen

La famille légitime

L'homme avant 18 ans révolus, la femme avant 15 ans révolus, ne peuvent contracter mariage.
Art. 144 Code civil

La famille, selon le code civil, est constituée par l'acte de mariage d'un homme et d'une femme, célébré publiquement à la mairie.

Les époux vivent ensemble. Ils doivent s'aider mutuellement et se secourir dans le cas où l'un d'eux se trouverait sans ressources.

S'ils ont des enfants, les époux doivent les nourrir et les éduquer jusqu'à leur majorité ; plus longtemps si cela leur est possible.

Lorsque l'enfant paraît,
*   le cercle de famille*
Applaudit à grands cris ;
*   son doux regard qui brille*
Fait briller tous les yeux...

Victor Hugo

Si l'un d'eux ne remplit pas ses devoirs, il peut être contraint à verser une pension alimentaire ou même condamné à la prison pour abandon de famille.

Les enfants sont dits *légitimes* et portent le nom de leur père. Les époux peuvent adopter des enfants qui ont alors exactement les mêmes droits.

Il n'y a pas de mariage lorsqu'il n'y a point de consentement.
Art. 146 Code civil

Le mariage qui a été contracté sans le consentement libre des deux époux, ou de l'un d'eux, ne peut être attaqué que par les époux, ou par celui dont le consentement n'a pas été libre.
Art. 180 Code civil

Les pères, mères, frères et sœurs des époux deviennent légalement des *alliés*.

Le mariage est dissous par la mort d'un des époux ou par le divorce. Obligatoirement prononcé par un tribunal, le divorce peut résulter d'un accord des deux époux ou sanctionner les fautes de l'un d'entre eux.

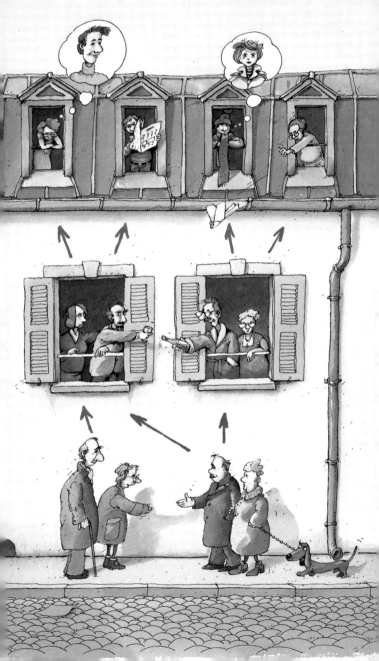

La famille naturelle

Les *concubins* n'ont pas l'obligation de vivre ensemble. Ils peuvent se quitter sans aucune formalité judiciaire.

Les *concubins* n'ont aucune obligation de secours, d'assistance et de fidélité l'un envers l'autre.

Autour du toit
   qui nous vit naître
Un pampre
      étalait ses
         rameaux ;
Ses grains dorés
   vers la fenêtre
Attiraient
   les petits oiseaux.

Ma mère, étendant
   sa main blanche,
Rapprochait
   les grappes de miel,
Et ses enfants
   suçaient la branche
Qu'ils rendaient
   aux oiseaux du ciel.

Alphonse de Lamartine

Une *mère célibataire* n'est pas obligée de *reconnaître* son enfant.

Certains couples vivent ensemble sans être mariés : légalement, ils vivent *maritalement* ou *en concubinage*.

Leurs enfants, dits *naturels*, portent le nom de celui des deux parents qui les a reconnus à la mairie ou devant notaire.

Naturels ou légitimes, les parents ont les mêmes devoirs. Si le père naturel ne veut pas reconnaître sa paternité, il peut y être contraint par la justice et condamné à verser une pension alimentaire à son enfant. Dans ce cas, c'est la mère, *mère célibataire*, qui touchera la pension.

Si les parents ne vivent pas ensemble, celui qui vit avec l'enfant en a *la garde*, l'autre parent possédant un *droit de visite et d'hébergement*. Ils peuvent également avoir *la garde conjointe*. La situation est alors la même que pour les parents divorcés.

Un homme marié ne peut, sauf accord de son épouse, se reconnaître le père d'un enfant né d'une autre femme.

Après leur divorce, un homme et une femme peuvent se remarier, et fonder chacun une nouvelle famille légitime ou naturelle. Les enfants nés de ces nouveaux mariages sont les demi-frères, ou demi-sœurs, de ceux nés du premier mariage. les demi-frères *utérins* ont la même mère, les demi-frères *germains* ont le même père.

L'autorité parentale

Les parents ont le devoir d'élever leurs enfants jusqu'à leur majorité et, jusqu'à la fin de leurs études. Les enfants ont, eux, le devoir d'obéir à leurs parents.

Lorsqu'un enfant mineur veut se marier, il doit obtenir l'autorisation de l'un de ses parents.

Les époux assurent ensemble la direction morale et matérielle de la famille. Ils pourvoient à l'éducation des enfants et préparent leur avenir.
Art. 213 Code civil

*Les enfants doivent
des aliments à leurs
père et mère ou autres
ascendants qui sont
dans le besoin.*
Art. 205 Code civil

Ce sont les parents qui choisissent l'école, le logement, les vacances, les activités sportives et culturelles de leurs enfants. Ils peuvent les punir, même en les frappant, mais sans jamais les blesser ni les rendre malades.

Si les parents ne s'occupent pas correctement de leurs enfants, ou les maltraitent, le juge des tutelles peut intervenir et prendre les mesures nécessaires au bien de l'enfant : celui-ci peut être confié à une autre personne de la famille, mis en pension chez une nourrice ou placé dans un établissement spécialisé.

Lorsque les parents sont âgés, les enfants ont un devoir de reconnaissance à leur égard. S'ils sont dans la pauvreté, ce devoir se traduira par le versement d'une pension alimentaire.

*Elle est d'un temps
    si vieux qu'on ne
        s'en souvient
plus.
Mais elle,
    elle s'en souvient,
        elle ferme les
yeux
pour mieux
        s'en souvenir...*

Ch. F. Ramuz

15

Les ressources familiales

La très grande majorité des parents se procure les sommes nécessaires aux dépenses de la famille, par un travail régulier, sous forme de *salaires*, de *traitements* ou d'*honoraires*.

Parallèlement l'Etat verse certaines sommes d'argent aux familles : les *allocations familiales*, d'autant plus élevées que les enfants sont nombreux, les *allocations-logement*, pour aider les familles démunies à se loger correctement, les *indemnités chômage*, pour les gens privés d'emploi momentanément.

Certaines familles disposent également de ressources personnelles, indépendantes des revenus de leur travail : loyers d'immeubles ou de terres, revenus d'actions ou d'obligations, pensions de l'Etat...

Tout travail mérite un salaire minimum : le SMIC.

Le patrimoine familial — immeubles, terrains, actions, bijoux, argent, meubles — se transmet aux enfants lors de la mort de leurs parents.
C'est *l'héritage*.

Lors d'un divorce, chacun des ex-époux reprend ses *biens propres*, et les *biens communs* sont partagés par moitié.

L'école

Les établissements scolaires se divisent en écoles primaires, de la maternelle à la 7e, collèges, de la classe de 6e à celle de 3e, et lycées, de la classe de 2e au baccalauréat.

Les enfants doivent obligatoirement être scolarisés de 6 à 16 ans au moins. Ce sont ses parents qui choisissent l'établissement scolaire public ou privé, que fréquentera l'enfant.

> *Je ne puis apprendre à parler
> à qui ne s'efforce pas de parler.*
>
> Confucius

A l'école comme au collège ou au lycée, l'enfant apprend les matières fondamentales : français, mathématiques, physique-chimie, sciences naturelles, histoire-géographie, langues vivantes. Il y pratique aussi des sports collectifs ou individuels, et y fait l'apprentissage de la vie en collectivité.

L'élève doit obéir aux professeurs, mais ceux-ci sont également astreints à certaines obligations : respect des horaires et des programmes, neutralité politique et idéologique, interdiction des châtiments corporels.

Les établissements d'enseignement comprennent un personnel nombreux. Proviseur et directeur, censeur, surveillants, économe, secrétaires, psychologues, infirmières, femmes de service sont, comme les professeurs, indispensables au bon fonctionnement d'un établissement.

L'élève doit respecter les règlements de son école.

Les châtiments corporels sont interdits dans tous les établissements scolaires.

*Jules s'ennuyait bien,
   car il ne savait rien,
Pas même lire...
Sa mère entre et dit :
« Grand-mère
a mal aux yeux
Toi ton mal, mon petit,
C'est d'être paresseux.
Il faut apprendre à lire
   et tu verras l'histoire
Sans lunettes,
   tu peux m'en croire
Rien qu'avec
tes yeux bleus. »*

Cité par Gaston Bonheur

19

La police

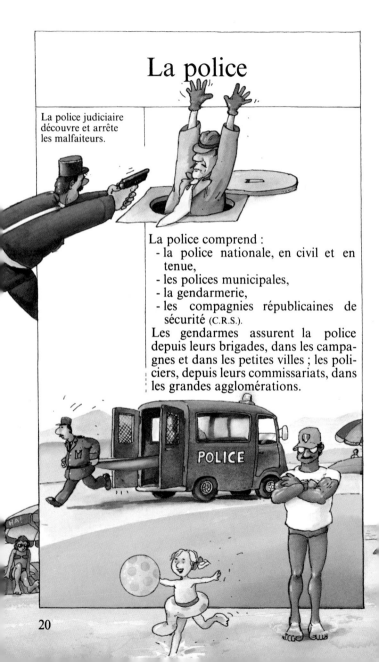

La police judiciaire découvre et arrête les malfaiteurs.

La police comprend :
- la police nationale, en civil et en tenue,
- les polices municipales,
- la gendarmerie,
- les compagnies républicaines de sécurité (C.R.S.).

Les gendarmes assurent la police depuis leurs brigades, dans les campagnes et dans les petites villes ; les policiers, depuis leurs commissariats, dans les grandes agglomérations.

POLICE

Les gendarmes font partie de l'armée et obéissent au ministre de la Défense ; les policiers de la police nationale sont dirigés par le ministre de l'Intérieur ; les policiers municipaux, anciens gardes champêtres, sont sous les ordres du maire.

La police a deux rôles fondamentaux :

- la police judiciaire qui découvre et arrête les auteurs des crimes et délits, comme l'arrestation d'un cambrioleur ou la lutte antiterroriste ;

- la police administrative qui assure la sécurité, la tranquilité et la salubrité de tous, comme les interventions de police-secours, le sauvetage en mer et en montagne ou la réglementation de la circulation.

Seule la police peut utiliser la force pour faire respecter la loi.

La police a plus souvent un rôle préventif que répressif.

La peur du gendarme est le commencement de la sagesse.

Les contrats

Toute personne saine d'esprit âgée d'au moins 18 ans, a le droit de conclure les contrats nécessaires à sa profession, sa vie privée, ses loisirs ou la gestion de ses biens.

Les mineurs et les personnes officiellement reconnues malades mentales ne peuvent pas passer eux-mêmes de contrats, mais leurs parents, ou leur tuteur, peuvent agir à leur place.

Dès lors qu'un contrat est conclu, il doit être exécuté, sous peine de dommages et intérêts, à moins que des circonstances exceptionnelles, de *force majeure*, n'en rendent l'exécution impossible.

DONNER C'EST DONNER, REPRENDRE C'EST VOLER!

Un contrat doit être conclu en connaissance de cause : si quelqu'un se trompe gravement sur les caractéristiques de l'objet qu'il achète, ou s'il achète sous la menace, le contrat est nul, l'achat n'a aucune valeur, et le prix n'a pas à être payé. Cependant, l'erreur sur le prix d'une chose, on parle alors de *lésion*, ne justifie pas l'annulation d'un contrat.

La conclusion d'un contrat peut revêtir des formes très variées : elle peut nécessiter l'intervention d'une autre personne (le maire pour le mariage, un notaire pour une donation), se faire par écrit (vente d'un immeuble), par oral (achat d'actions en Bourse), ou même par un simple signe de tête (achat en salle des ventes).

En principe, un contrat est parfaitement valable dès que l'on est d'accord, en dehors de toute formalité.

Il n'y a point de consentement valable si le consentement n'a été donné que par erreur, ou s'il a été extorqué par la violence, ou surpris par le dol.
Art. 1109 Code civil

23

Les différents contrats

La vente est une convention par laquelle l'un s'oblige à livrer une chose, l'autre à la payer.
Art. 1582 Code civil

Il y a de très nombreux types de contrats : certains existent depuis que les hommes vivent en société comme *la vente* ou *la location* ; d'autres ont été inventés tout récemment comme *le leasing* ou *la franchise*.

La loi interdit certains contrats, jugés immoraux, comme la vente d'un enfant, ou dangereux pour la société, comme la contrebande.

L'échange est un contrat par lequel les parties se donnent respectivement une chose pour une autre.
Art. 1702 Code civil

Dans le contrat de vente, le vendeur doit remettre l'objet vendu contre paiement du prix, à l'acheteur qui en devient propriétaire. On ne peut vendre un bien dont on n'est pas déjà propriétaire ni un héritage futur.

La location, ou *bail*, d'un appartement, d'une voiture, d'une planche à voile... consiste à permettre au locataire, contre paiement d'un loyer, d'utiliser le bien loué comme s'il en était lui-même propriétaire.

Par le contrat de travail, une personne, *le salarié*, s'engage à travailler sous les ordres d'une autre, *l'employeur*, contre paiement d'une somme d'argent, *le salaire*. L'employeur peut donner des ordres au salarié et, en cas de désobéissance, lui infliger des sanctions disciplinaires (blâme, mise à pied, licenciement).

Dans un contrat d'entreprise, un professionnel, le chirurgien, le garagiste, le maçon ou le plombier, s'engage à effectuer un travail pour son client, mais il ne garantit pas toujours le résultat escompté. Le médecin s'engage à soigner, non pas à guérir.

Le louage de choses est un contrat par lequel l'une des parties s'oblige à faire jouir l'autre d'une chose pendant un certain temps, et moyennant un certain prix...
Art. 1709 Code civil

Lorsqu'on charge quelqu'un de faire un ouvrage, on peut convenir qu'il fournira seulement son travail ou son industrie, ou bien qu'il fournira aussi la matière.
Art. 1787 Code civil

La propriété privée

Le droit à la propriété privée est l'un des plus importants. Il est garanti par la constitution.

Le propriétaire d'une chose peut en faire ce qu'il veut : l'utiliser, la louer, la vendre, la laisser improductive, ou même la détruire.

Il ne doit cependant pas *abuser* de son droit de propriétaire pour nuire à autrui : construire sur son terrain une immense palissade peinte en noir pour boucher la vue de ses voisins par exemple. Il ne doit pas non plus violer la loi : construire une maison sur son terrain sans avoir obtenu de permis de construire est interdit.

26

La propriété peut se décomposer en un droit *d'usufruit*, utiliser et percevoir les revenus de la chose, et un droit *de nue-propriété*, vendre, donner ou léguer la chose.

PROPRIETE
PRIVÉE

27

Les différentes formes de propriété

La copropriété est aujourd'hui très fréquente. Elle suppose que les copropriétaires s'entendent entre eux sur l'utilisation effective de leur bien commun. Cet accord prend la forme d'un *règlement de copropriété*.

Un bien peut appartenir à une seule personne. On parle alors de *propriété privée*.

Si plusieurs personnes sont propriétaires du même bien, elles sont *copropriétaires,* (d'un immeuble d'habitation) ou *propriétaires indivis* (d'une cour commune).

Certains biens appartenant à une institution publique, sont utilisés collectivement, comme les stades municipaux ou les forêts domaniales.

L'Etat est aujourd'hui devenu un très grand propriétaire : domaine public, sociétés nationalisées... lui appartiennent. Il peut, contre indemnité, forcer une personne à lui céder certains de ses biens si l'intérêt général l'exige : c'est *l'expropriation* ou *la nationalisation*.

L'intégrité physique avant la Révolution

Sous la monarchie, le corps humain appartenait à Dieu et au Roi.

Les crimes et délits étaient punis de châtiments corporels redoutables : la mort, par la potence, le bûcher, la roue, la hache... la mutilation des membres, de la langue, des yeux... le tatouage au fer rouge, la castration, l'exposition au pilori...

VOLEUR

Les lois religieuses et civiles réglementaient étroitement l'usage que chacun faisait de son propre corps.

L'homosexualité et l'avortement étaient punis de mort. Le suicide lui-même était interdit : on faisait un procès au suicidé, et son cadavre était jeté aux chiens.

La justice utilisait officiellement la torture pour interroger et confondre les suspects car on estimait, en bonne logique chrétienne, que Dieu donnait aux innocents la force de supporter la souffrance physique.

Les châtiments corporels étaient également à l'honneur dans l'armée et la marine (fouet, baguettes, grande cale), et même dans les écoles et collèges (martinets, verges).

Aujourd'hui encore, de nombreux Etats utilisent des peines corporelles contre les criminels.

La torture reste aussi, dans certains pays, un moyen, nié mais fort employé, de terroriser les opposants politiques.

L'intégrité physique de nos jours

Depuis l'abolition de la peine de mort en 1981, la justice n'inflige plus de peines corporelles. La torture n'est plus utilisée depuis la fin du règne de Louis XVI. Seul subsiste l'emprisonnement, c'est-à-dire la privation de liberté physique.

La police elle-même ne peut employer la violence physique contre un individu que dans la mesure où celui-ci résiste par la force à une juste arrestation ou attaque lui-même la police.

Chacun d'entre nous se voit reconnaître par la loi un droit quasi-

ment absolu sur son propre corps : il peut refuser de se faire soigner, se mutiler, se suicider ; il peut se marier ou rester célibataire, avoir des enfants ou avorter, léguer son corps à la science ou interdire qu'on touche à son cadavre, se faire enterrer ou incinérer.

Les écoliers et lycéens ne doivent pas être punis par des châtiments corporels.

La loi ne doit établir que des peines strictement et évidemment nécessaires.
Art. 8 Déclaration des droits de l'homme et du citoyen

Seules limites à ce droit :
- la possibilité pour l'Etat d'obliger à se soigner quelqu'un atteint d'une maladie gravement contagieuse comme le typhus, ou le choléra, ou d'ordonner l'autopsie d'un cadavre en cas de mort suspecte ;
- l'interdiction de vendre son corps, ou les produits de son corps, son enfant ou son sang, par exemple.

La liberté physique

Nul homme ne peut être détenu que dans les cas déterminés par la loi.
Art. 7 Déclaration des droits de l'homme et du citoyen

La liberté physique, c'est le droit de se déplacer librement sur tout le territoire français. Les routes, les côtes, les montagnes, les forêts, les villages et les villes sont accessibles à tous et à toutes. Un maire ne peut interdire la circulation ou le stationnement sur sa commune aux forains ou aux étrangers. Il peut seulement leur fixer des limites (lieux de stationnement, heures de circulation pour certains véhicules, etc.) en fonction de circonstances particulières.

Tout Français peut également sortir librement de France : les frontières ne sont pas des murs, mais des portes. Sorti librement, il devra pouvoir rentrer de même, le bannissement n'exis-

DOUANE !

tant plus dans nos lois, à la différence de nombreux pays étrangers.

L'emprisonnement d'une personne ne peut être ordonné que par un tribunal, dans les seuls cas où la loi le permet, pour les infractions graves et après un procès équitable. La police ne peut retenir une personne *au poste* plus de 48 heures. C'est le délai de *garde à vue.*

Forcer quelqu'un à rester dans un local clos est une *séquestration*, infraction sévèrement punie par la loi quel qu'en soit le motif. Seuls les mineurs, ou les personnes officiellement déclarées malades mentales, peuvent être retenus chez eux par leurs parents.

D'après l'article 341 du code pénal :

La séquestration est punie en fonction de sa durée :
- *réclusion criminelle à perpétuité pour plus d'1 mois,*
- *10 à 20 ans de réclusion criminelle pour plus de 5 jours,*
- *2 à 5 ans d'emprisonnement pour plus de 24 heures,*
- *1 mois à 2 ans d'emprisonnement pour moins de 24 heures*

La liberté de pensée

La loi civile n'entend pas gouverner les cerveaux, et une totale liberté de pensée est reconnue à chacun dans tous les domaines : chacun peut professer les opinions politiques, religieuses, philosophiques, littéraires, artistiques ou sportives de son choix.

Cette liberté d'opinion implique évidemment que l'Etat ne favorise aucune religion, n'encourage aucune philosophie, ne privilégie aucune morale, ne subventionne aucune école de pensée. Aussi la France ne connaît-elle pas de religion d'Etat, ni de philosophie officielle, contrairement à certains pays étrangers.

Une pensée n'est libre que si elle peut librement s'exprimer. D'où le régime extrêmement libéral de la presse (loi du 29 juillet 1881), l'absence de censure gouvernementale, la multiplicité et la variété des publications.

Mais la liberté d'opinion s'arrête là où commencent la diffamation, l'injure, la provocation au crime (appel au meurtre, incitation à la haine raciale...), ou l'apologie du crime.

La liberté d'association

C'est une liberté fondamentale que la Constitution reconnaît à tout Français. Plusieurs personnes ont le droit de se grouper afin d'exercer une activité en commun, sans avoir à en demander l'autorisation.

Ces groupements peuvent avoir pour objectif de réaliser des bénéfices que leurs membres se partageront : on parle alors de *sociétés civiles* ou *commerciales, anonymes* ou *à responsabilité limitée, professionnelles, coopératives* ou *agricoles...* Ils peuvent aussi ne poursuivre que des buts désintéressés : *associations culturelles, sportives, de bienfaisance...*

Toute société ou asso-
ciation doit cependant
respecter la loi : elle ne doit
pas troubler l'ordre public,
inciter au racisme, chercher
à renverser la République,
trafiquer des monnaies...

Il existe en France plusieurs
centaines de milliers de sociétés
et d'associations qui possèdent
un patrimoine, passent des
contrats et salarient des
employés.

A
NOS MORTS

LA PATRIE
RECONNAISSANTE

Le droit de manifester

Toute personne peut exprimer publiquement ses opinions, sur n'importe quel sujet. *Manifester*, en défilant dans la rue, par exemple, est un des moyens d'expression les plus spectaculaires. Plus les manifestants seront nombreux, plus le gouvernement tiendra compte de leurs opinions.

Les manifestations prennent des formes très diverses : cortèges dans la rue, sit-in, dépôt de gerbes devant un monument aux morts, pétitions, ou afflux de courrier.

Les manifestations dans la rue ne doivent pas dégénérer en émeutes, violences ou pillages. C'est pourquoi

les organisateurs de manifestations importantes se mettent préalablement

Sur mon chien gourmand et tendre
Sur les oreilles dressées
Sur sa patte maladroite
J'écris ton nom...   Liberté

Paul Eluard

d'accord avec la police sur l'itinéraire, l'horaire et la dispersion du cortège.

Cependant, il est assez fréquent que les manifestations donnent lieu à des bagarres avec des contre-manifestants ou avec la police.

Les réunions publiques sont libres...
Art. 1 Loi du 30 juin 1881

La liberté du travail

Depuis la Révolution française, chaque Français peut, en principe, choisir librement sa profession et décider de devenir agriculteur, commerçant, ouvrier, avocat, militaire, professeur, médecin ou garagiste, par exemple, sous réserve d'acquérir les connaissances nécessaires à l'exercice de la profession choisie.

Il existe néanmoins encore quelques professions, survivances de l'Ancien Régime, où il faut acheter le droit d'exercer : notaires, commisseurs-priseurs, huissiers et agents de change achètent leur *charge*.

Chacun peut travailler librement ou refuser de travailler.

Le travail est un droit, non un devoir.

Toute personne exerçant un métier peut s'associer avec les autres membres de sa profession au sein d'un syndicat qui défendra ses intérêts professionnels. Mais nul ne peut être obligé d'adhérer à un syndicat.

Salariés et fonctionnaires ont le droit de se mettre en grève pour obtenir une amélioration de leur situation financière et sociale. Ce droit est garanti par la Constitution, mais la *grève perlée* et la *grève politique* sont illégales.

L'État

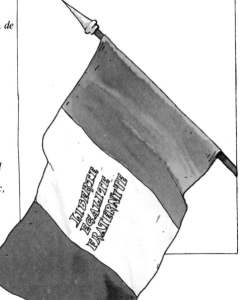

La France est une République constituée en démocratie parlementaire.

Démocratie, car c'est le peuple tout entier qui *détient la souveraineté nationale*, et non un roi, ni un parti.

Parlementaire, car c'est l'ensemble des députés élus par le peuple, et réunis au Parlement, qui exerce cette souveraineté nationale.

L'Etat français a son origine dans la région de l'Ile de France, dont le seigneur prit le titre de Roi de France il y a plus de mille ans.

La France est une République indivisible, laïque, démocratique et sociale.
Elle assure l'égalité devant la loi de tous les citoyens, sans distinction d'origine, de race ou de religion.
Art. 2 Constitution

L'emblème national est le drapeau tricolore bleu, blanc, rouge.
Art. 2 Constitution

Le territoire actuel de la France n'a pratiquement pas changé (DOM—TOM exceptés) depuis la Révolution française. Il rassemble des provinces dont les habitants ont des origines ethniques très différentes (Bretons, Provençaux, Alsaciens, Basques, Corses, Auvergnats, Antillais, etc.) mais parlent tous la même langue, le français.

La langue française s'est constituée à partir du latin et des dialectes germaniques. Son usage est obligatoire dans tous les actes administratifs.

C'est la Révolution française qui a inventé presque tous les symboles actuels de l'Etat français : la devise *liberté, égalité, fraternité,* le franc, le drapeau tricolore, la Marseillaise, le bonnet phrygien. En revanche le coq, le béret basque et la baguette de pain ne lui doivent rien.

L'hymne national est la Marseillaise.
Art. 2 Constitution

La région

La France se divise en 22 régions ayant chacune une préfecture régionale.
Alsace (Strasbourg)
Aquitaine (Bordeaux)
Auvergne (Clermont-Ferrand)
Bourgogne (Dijon)
Bretagne (Rennes)
Centre (Orléans)
Champagne (Châlons/Marne)
Corse (Ajaccio)
Franche-Comté (Besançon)
Languedoc-Roussillon (Montpellier)

La France est divisée en 22 régions dotées d'une certaine autonomie administrative depuis 1982 (loi sur la décentralisation) mais dont le statut définitif n'est pas encore précisé par la loi.

Les régions ont été constituées par le regroupement de certaines anciennes provinces, ayant à peu près la même histoire, les mêmes traditions culturelles, et les mêmes origines ethniques.

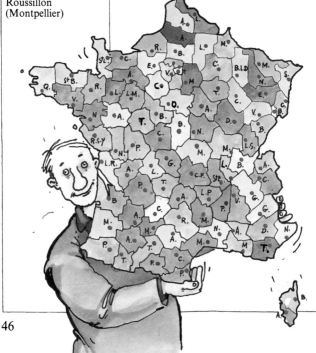

Le Commissaire de la République
est le représentant de l'État
dans la région dont il contrôle
et ordonne le fonctionnement.

Collectivité territoriale, comme la commune et le département, la région a pour mission de contribuer au développement économique, social et culturel des communes et des départements qu'elle regroupe.

Elle dispose, pour ce faire, d'un budget (taxes sur les permis de conduire et cartes grises, droits immobiliers, subventions et emprunts), d'assemblées délibératives (Conseil régional et Comité économique et social), et d'un personnel administratif (président du Conseil régional, secrétaire général...).

Limousin (Limoges)
Lorraine (Metz)
Midi-Pyrénées (Toulouse)
Nord (Lille)
Basse-Normandie (Caen)
Haute-Normandie (Rouen)
Région Parisienne (Paris)
Pays de Loire (Nantes)
Picardie (Amiens)
Poitou-Charentes (Poitiers)
Provence-Côte d'Azur (Marseille)
Rhône-Alpes (Lyon)

47

L'organisation du pouvoir politique

La souveraineté nationale appartient au peuple qui l'exerce par ses représentants et par voie de référendum.
Art. 3 Constitution
4 octobre 1958

Le gouvernement détermine et conduit la politique de la nation. Il dispose de l'administration et de la force armée. Il est responsable devant le Parlement...
Art. 20 Constitution
4 octobre 1958

Conformément au principe de la séparation des pouvoirs formulé par Montesquieu, la puissance politique est divisée entre le pouvoir législatif (Assemblée nationale et Sénat) et le pouvoir exécutif (président de la République et gouvernement), tandis que la justice est rendue par un corps de magistrats indépendants.

Le Parlement vote les lois dont le président de la République et le gouvernement assurent l'exécution, et dont les juges sanctionnent les violations.

Le président de la République et les parlementaires sont élus par tous les Français âgés de plus de 18 ans. Le droit de vote n'est subordonné à aucune condition de fortune, d'instruction ou de santé.

La plupart des candidats aux élections sont présentés par des partis politiques constitués librement.

C'est le président de la République qui nomme le gouvernement, mais l'Assemblée nationale peut renverser le gouvernement par une *motion de censure*, tandis que le président de la République peut dissoudre l'Assemblée nationale. Le Parlement ne peut contraindre le président de la République à la démission.

Le président de la République veille au respect de la constitution. Il assure, par son arbitrage, le fonctionnement régulier des pouvoirs publics ainsi que la continuité de l'Etat.
Art. 5 Constitution
4 octobre 1958

Le pouvoir exécutif

La direction effective du pays est assumée par le président de la République et par le gouvernement.

Le président de la République est le chef du pouvoir exécutif, conformément à la volonté du premier président de la Ve Républalaut, le général de Gaulle.

C'est le président qui est le véritable chef de l'Etat. Son premier devoir est de veiller au respect de la constitution et au fonctionnement régulier des pouvoirs publics. Aussi, en cas d'insurrection, de terrorisme, d'invasion étrangère ou de tout autre événement

Le président de la République a le droit de faire grâce.

Art. 17 Constitution

menaçant les intérêts vitaux des Français, peut-il concentrer tous les pouvoirs entre ses mains, en vertu de l'article 16 de la constitution.

Le président de la République préside le Conseil des ministres.

Il désigne le premier ministre, détermine les options fondamentales de la politique gouvernementale, nomme les hauts fonctionnaires, promulgue les lois et commande aux armées.

Le premier ministre choisit les ministres et les secrétaires d'Etat. Il dirige l'action du gouvernement, est responsable de la défense nationale et assure l'exécution des lois. Sa responsabilité peut être mise en cause par le Parlement. Les ministres commandent aux fonctionnaires de leur ministère ; certains ministères sont plus importants que d'autres.

Le président de la République est élu pour 7 ans au suffrage universel direct.
Art. 6 Constitution

Le président de la République est le chef des armées. Il préside les conseils et les comités supérieurs de la défense nationale.
Art. 15 Constitution

51

Le Parlement

Le Parlement est composé de deux assemblées, l'Assemblée nationale et le Sénat, dont les pouvoirs sont inégaux. Si elles ne sont pas d'accord, c'est l'Assemblée nationale qui a le dernier mot et peut imposer sa volonté.

Les séances des deux assemblées sont publiques. Le compte rendu intégral des débats est publié au Journal officiel, expurgé parfois de certaines interventions un peu vives.

Le Parlement a une double mission :
- il contrôle l'action du gouvernement dans tous les domaines, jusque dans celui d'une déclaration de guerre; l'Assemblée nationale peut contraindre le premier ministre et son gouvernement à démissionner, par le vote d'une motion de censure. Le gouvernement doit donc, normalement, représenter la majorité des députés de l'Assemblée nationale.
- il vote les lois concernant les droits civiques, les libertés publiques, la nationalité, l'état civil, les successions, les crimes et les délits, la procédure pénale, etc. Il approuve, ou désapprouve, le budget de l'Etat en votant les impôts.

Les lois votées par le Parlement peuvent être annulées ou modifiées par le Conseil constitutionnel, mais, une fois promulguées, elles s'imposent à tous et la justice ne peut refuser de les appliquer.

Le Parlement comprend l'Assemblée nationale et le Sénat. Les députés à l'Assemblée nationale sont élus au suffrage direct. Le Sénat est élu au suffrage indirect. Il assure la représentation des collectivités territoriales de la République. Les Français établis hors de France, sont représentés au Sénat. Art. 24 Constitution

Les partis politiques

Les partis politiques jouent un rôle essentiel dans l'élection du président de la République, des députés de l'Assemblée nationale et, dans une moindre mesure, dans l'élection des sénateurs, des conseillers généraux et des conseillers municipaux. Les chances de succès des candidats dépendent presque toujours de l'influence du parti qui les soutient. Cependant, la loi n'impose nullement d'appartenir à un parti pour présenter sa candidature à une élection politique.

La Constitution reconnaît officiellement l'existence des partis, à la diffé-

rence de certains Etats qui n'admettent qu'un parti unique. Tout Français peut appartenir au parti de son choix ou fonder lui-même un parti.

Les partis politiques sont des associations. Ils peuvent sélectionner leurs membres, leur imposer une discipline, les exclure... Leur financement n'est pas régi par la loi.

La tradition française veut que l'on classe les partis *à droite* ou *à gauche*, selon leur programme, avec des nuances parfois assez incertaines (extrême droite, extrême gauche...).

Quatre grands partis dominent, depuis une dizaine d'années, le paysage politique français : le RPR, l'UDF, le PS, le PC.

La commune

Il en existe plus de 36 000, de taille très inégale (quelques hectares pour de nombreux villages, 750 km² pour la commune d'Arles qui s'étend à la Camargue). Les communes les plus petites se regroupent souvent en syndicats ou en districts ; certaines forment des *communautés urbaines*.

La plus petite des divisions territoriales françaises, la *commune* est l'organisation administrative de base.

L'importance de sa population varie considérablement : 22 500 communes ont moins de 500 habitants, 39 en ont plus de 100 000.

La commune est administrée par un *conseil municipal*, élu pour 6 ans par ses habitants. Le nombre de conseillers municipaux varie de 9 à 69 selon l'importance de la population ; obligatoirement de nationalité française, ils sont élus au scrutin direct et les trois quarts d'entre eux doivent résider sur place.

> *Quand reverrai-je, hélas, de mon petit village*
> *Fumer la cheminée : et en quelle saison*
> *Reverrai-je le clos de ma pauvre maison,*
> *Qui m'est une province, et beaucoup davantage ?*
>
> Joachim du Bellay

Les conseillers municipaux élisent parmi eux le *maire* et ses *adjoints*, mais ils ne peuvent les révoquer.

Le maire est le personnage le plus important de la commune :
- il prépare les délibérations du conseil municipal et en exécute les décisions,
- il représente la commune et administre ses biens,
- il prépare et gère le budget de la commune,
- il est le chef des services publics communaux,
- il est chargé de la police municipale.

Les ressources financières des communes sont très variables, parfois élevées (grandes villes, zones industrielles ou touristiques), parfois très réduites (zones rurales en voie de dépeuplement).

C'est à la mairie que chacun peut consulter le *cadastre*. Plan du territoire communal, il est divisé en parties, sections et parcelles. Institué par Napoléon Ier, il sert de base aux impositions foncières.

Le maire peut déléguer certains de ses pouvoirs à ses adjoints.

Il exerce également certaines attributions au nom de l'Etat : il a la qualité d'officier de police judiciaire, et fait appliquer les lois et règlements de l'Etat ; il tient les listes électorales, est également officier d'état civil et responsable de la rédaction des actes d'état civil (actes de naissance, mariages, certificats de décès, etc).

Les services publics pris en charge par la commune sont nombreux :
- état civil,
- scolarité (école primaire, CES),
- hygiène et sécurité publiques : adduction d'eau, ramassage des ordures, éclairage des rues, dispensaires et hôpitaux,
- logement et urbanisme : plan d'occupation des sols, HLM, permis de construire,
- transports,
- action sociale : colonies de vacances, aides ménagères, crèches,
- sport : stades, piscines,
- culture : Maisons de la culture, théâtres.

Certains de ces services publics dépendent évidemment de la richesse de la commune.

Les *élections municipales* sont contrôlées par les tribunaux administratifs et le Conseil d'Etat qui peuvent les annuler en cas de fraude.

Acacias, marronniers, platanes,
Ce sont les arbres de la ville,
Et quelquefois tilleuls et sorbiers des oiseaux.

Guillevic

Les ressources de la commune :
- impôts locaux (taxes d'habitation, taxes foncières),
- dotations de l'Etat,
- taxes ménagères, taxes professionnelles,
- revenu du patrimoine communal : loyers, dividendes, etc.,
- subventions, emprunts.

La gestion de la commune est contrôlée a posteriori par le commissaire de la République, qui peut s'opposer à l'exécution des décisions du *conseil municipal*, il peut aller jusqu'à dissoudre ce dernier.

L'éducation nationale

L'instruction est le fondement de la démocratie. Pour pouvoir voter librement, l'électeur doit connaître ses propres intérêts ; l'intelligence politique commence par la connaissance du monde extérieur.

Depuis plus d'un siècle maintenant, l'enseignement des enfants est pris en charge par l'Etat : enseignement gratuit et laïque pour tout enfant de 6 à 16 ans.

Si les parents ont le devoir d'envoyer leurs enfants à l'école primaire, puis au collège d'enseignement secondaire et au lycée, ils peuvent cependant choisir des établissements privés, et payants, plutôt que publics, et gratuits. Mais tous les diplômes (CE, BEPC, Baccalauréat, DEUG, licence,

> *La nation garantit l'égal accès de l'enfant
> et de l'adulte à l'instruction, à la formation
> professionnelle et à la culture.*

Préambule à la constitution 1946

maîtrise, doctorat) sont obligatoirement délivrés par l'Etat ; celui-ci contrôle la qualité de l'enseignement des établissements privés.

Les enseignants du secteur public sont recrutés sur concours. Dans l'enseignement primaire et dans l'enseignement secondaire, ils sont tenus à une stricte neutralité idéologique ; dans l'enseignement supérieur, en revanche, ils jouissent d'une totale liberté d'expression.

L'enseignement supérieur n'est pas obligatoire. N'y ont généralement accès que les bacheliers. Il est assuré soit par les universités, soit par les « grandes écoles », celles-ci relevant de l'Etat (Polytechnique, E.N.A.), ou du secteur privé (ESSEC, Centrale, etc.).

61

La santé

Grâce à l'institution d'hôpitaux publics et de caisses de sécurité sociale, le plus pauvre des Français peut se faire soigner gratuitement. Cependant, s'il a les ressources ou les assurances nécessaires, le malade peut s'adresser aux médecins travaillant dans des établissements privés, ou cliniques, de son choix.

Le secteur public hospitalier, que se partagent l'Etat et les collectivités locales, s'est énormément développé ces dernières années ; c'est lui qui assure les investissements les plus lourds (scanners, appareils à RMN...). Le secteur privé, ou *libéral*, reste cependant très actif. Parallèlement la médecine du travail connaît un développement constant.

... Quoi ? que voulez-vous ? Je dormais... Oui, vous voyez, je suis malade... Si, si, vraiment malade ! Non, je ne veux rien, sinon que vous n'entriez pas tous à la fois dans ma chambre... Et ne touchez pas aux rideaux - Oh ! la grossièreté des gens bien portants ! Avez-vous fini de les ouvrir et d'agiter de grands drapeaux de clarté qui refroidissent toute la pièce ?

> La Constitution *garantit à tous, notamment à l'enfant, à la mère et aux vieux travailleurs, la protection de la santé.*
>
> Préambule de la Constitution de 1946.

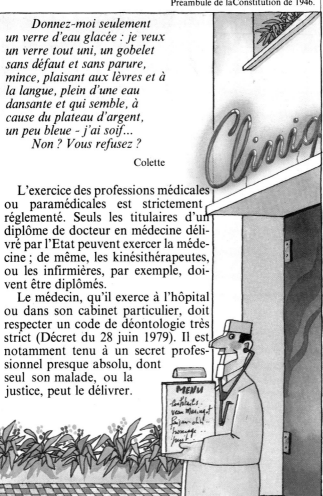

Donnez-moi seulement un verre d'eau glacée : je veux un verre tout uni, un gobelet sans défaut et sans parure, mince, plaisant aux lèvres et à la langue, plein d'une eau dansante et qui semble, à cause du plateau d'argent, un peu bleue - j'ai soif...
Non ? Vous refusez ?

Colette

L'exercice des professions médicales ou paramédicales est strictement réglementé. Seuls les titulaires d'un diplôme de docteur en médecine délivré par l'Etat peuvent exercer la médecine ; de même, les kinésithérapeutes, ou les infirmières, par exemple, doivent être diplômés.

Le médecin, qu'il exerce à l'hôpital ou dans son cabinet particulier, doit respecter un code de déontologie très strict (Décret du 28 juin 1979). Il est notamment tenu à un secret professionnel presque absolu, dont seul son malade, ou la justice, peut le délivrer.

La Défense nationale

Tout français âgé de 18 ans doit effectuer un *service militaire* de 12 mois.

L'adoption de la *stratégie de dissuasion nucléaire* a bouleversé le visage traditionnel de l'armée.

Parallèlement au maintien de forces conventionnelles – infanterie, chars, hélicoptères, chasseurs, navires de surface –, l'État a considérablement développé des forces nucléaires tant stratégiques – fusées terrestres, bombes atomiques, missiles lancés par des sous-marins – que tactiques – missiles Pluton sur automoteur – destinées à menacer de bombardement nucléaire les villes de tout agresseur potentiel.

L'armée est composée *d'appelés* – qui font leur service militaire – et *d'engagés volontaires*. La plus célèbre unité d'engagés volontaires est la *Légion étrangère*.

La France est donc l'une des 5 puissances nucléaires officiellement recensées : USA, U.R.S.S. , Grande - Bretagne, Chine Populaire, France.

Le gouvernement a décidé aussi, tout récemment, de mettre sur pied une force d'intervention rapide – chars, hélicoptères, parachutistes, etc. – permettant à la France d'effectuer des opérations militaires à l'étranger pour soutenir ses alliés comme le Tchad ou le Zaïre.

Les militaires n'ont pas le droit de se mettre en grève.

C'est le président de la République qui nomme les chefs militaires ; c'est lui qui déciderait de l'emploi ou non des bombes nucléaires.

C'est en revanche le Parlement qui doit autoriser la déclaration de guerre à un pays étranger. Mais il est fréquent que l'armée française intervienne à l'étranger sans déclaration de guerre, dans le cadre d'opérations *d'observation* (Liban), *d'interposition* (Tchad) ou de *sauvetage* (Kolwezi), et donc sans contrôle du Parlement.

Tout militaire doit obéir à ses supérieurs hiérarchiques, mais il peut refuser d'exécuter un ordre illégal (exécution des prisonniers par exemple). C'est ce que l'on appelle le système des *baïonnettes intelligentes*.

65

La justice

Nulle contravention, nul délit, nul crime ne peuvent être punis de peines qui n'étaient pas prononcées par la loi avant qu'ils fussent commis.
Art. 4 Code pénal

La justice est rendue par des hommes qui, bien que fonctionnaires, n'ont pas à obéir aux ordres du gouvernement. Les magistrats sont *indépendants* ; ils statuent en leur âme et conscience, et ne peuvent être sanctionnés que par le Conseil supérieur de la magistrature, exception faite pour les juges administratifs.

L'accès aux tribunaux est ouvert à tous, même aux étrangers.

Il existe trois sortes de tribunaux.

Les juridictions administratives

Elles règlent les litiges entre les citoyens et l'Etat ; comme l'effondrement d'un bâtiment public sur des passants, ou le décès accidentel d'un malade dans un hôpital public, par exemple. *Le Conseil d'Etat* est la plus importante de ces juridictions, il peut annuler les décisions des tribunaux administratifs.

> *Les lois sont exécutoires
> dans tout le territoire français.*

Art. 1 Code civil

Les juridictions pénales

Elles sanctionnent les délinquants. Les *cours d'assises* jugent les crimes (meurtres, etc.), les *tribunaux correctionnels* les délits (vol, etc.), les *tribunaux de police* les contraventions (stationnement interdit). Les mineurs sont jugés par des *juridictions spécialisées* (juge des enfants).

Les juridictions civiles

Elles jugent les conflits entre particuliers (divorces, accidents de voiture, remboursements, pensions alimentaires, etc.). Les *tribunaux de grande instance* sont normalement compétents pour tous les procès, mais il existe certains tribunaux spécialisés : les *tribunaux d'instance* jugent les procès portant sur moins de 20 000 F ; les *tribunaux de commerce* s'occupent des litiges entre commerçants, les *conseils de prud'hommes* règlent les contestations entre patrons et salariés.

La loi n'a le droit de défendre que les actions nuisibles à la société. Tout ce qui n'est pas défendu par la loi ne peut être empêché, et nul ne peut être contraint à faire ce qu'elle n'ordonne pas.
Art. 5 Déclaration des droits de l'homme et du citoyen

67

> *Que je m'ennuie entre ces murs tout nus*
> *Et peints de couleurs pâles*
> *Une mouche sur le papier à pas menus*
> *Parcourt mes lignes inégales*

La loi ne dispose que pour l'avenir ; elle n'a point d'effet rétroactif.
Art. 2, Code civil

Nulle partie ne peut être jugée sans avoir été entendue ou appelée.
Art. 14 Code de procédure civile

Tout procès peut, en principe, donner lieu à un *appel* devant une cour d'appel, puis à un *pourvoi en cassation* devant la cour de cassation : ce triple examen de l'affaire doit normalement éviter toute erreur.

Lorsqu'un jugement est définitif ; c'est-à-dire qu'on ne peut plus l'attaquer *en appel* ou *en cassation*, il peut être exécuté avec l'appui de la police si le perdant ne l'exécute pas de son plein gré : l'huissier se fera alors accompagner de la police pour saisir les meubles du débiteur, procéder à l'ex-

TRIBUNAL DE GRANDE INSTANCE

TRIBUNAL D'INSTANCE

TRIBUNAL DE C

> *J'écoute les bruits de la ville*
> *Et prisonnier sans horizon*
> *Je ne vois rien qu'un ciel hostile*
> *Et les murs nus de ma prison*
>
> Guillaume Apollinaire

pulsion du locataire, démolir le mur illégal, etc.

Toute personne attaquée en justice peut se faire assister d'un avocat et en obtenir un gratuitement si elle est pauvre. Toute personne a le droit de savoir ce dont on l'accuse, de connaître les charges qui pèsent sur elle ; elle peut citer ses témoins, demander des contre-expertises, etc. Les juges, pour rendre leur jugement, ne doivent prendre en considération que les faits qui auront été discutés *contradictoirement* devant eux.

Le juge qui refusera de juger, sous prétexte du silence, de l'obscurité ou de l'insuffisance de la loi, pourra être poursuivi comme coupable de déni de justice.
Art. 4 Code civil

Les finances de l'État

Les lois de finances déterminent les ressources et les charges de l'État. Elles sont votées annuellement par le Parlement.

Il existe aujourd'hui 3 sortes de monnaies :
- la monnaie *fiduciaire*, pièces, billets de banque,
- la monnaie *scripturale*, chèques, virements bancaires, lettres de change, bons de caisse...
- la monnaie *électronique*, cartes magnétiques.

L'Etat moderne est très dépensier : il doit payer une foule de fonctionnaires, entretenir une armée coûteuse, construire écoles, hôpitaux, routes, tunnels, voies ferrées... subventionner certaines industries. Toutes ces dépenses sont financées, essentiellement, par *l'impôt* et, accessoirement, par *l'emprunt*.

Tous les impôts sont nécessairement votés par le Parlement. Il existe des *impôts directs* (impôts sur les sociétés, impôt sur le revenu des personnes physiques, impôt sur les grandes fortunes...) et des *impôts indirects* (T.V.A., vignette, droits de douane, droits d'enregistrement...). A elle seule, la taxe sur la valeur ajoutée (T.V.A.) assure plus du tiers des recettes de l'Etat.

Les impôts sont recouvrés par l'administration fiscale, qui dépend du ministère des Finances. C'est la Banque de France qui sert de caissier à l'Etat ; elle assure aussi l'impression des billets de banque. Son *gouverneur* conseille le gouvernement dans tous les problèmes monétaires et financiers.

Depuis 1982, la plupart des banques sont nationalisées. C'est donc l'Etat qui détermine les règles fondamentales de l'octroi de crédits aux entreprises et aux particuliers ; c'est lui aussi qui régule le marché des changes (devises).

La politique monétaire de l'Etat est aujourd'hui une composante essentielle de sa politique économique.

71

L' équipement

L'Etat est un bâtisseur infatigable. Routes, canaux, aéroports, immeubles administratifs, voies ferrées... il intervient tous les jours dans le paysage français. Dans cette activité de constructeur, le ministère de l'Equipement joue un rôle moteur.

Mais l'Etat intervient aussi beaucoup de façon indirecte. Les collectivités territoriales (régions, départements, communes), les chambres de commerce, les sociétés d'économie mixte... financent également de nombreux travaux de génie civil. Les banques, presque toutes nationalisées aujourd'hui, ont créé des sociétés de promotion immobilière qui ont pratiquement monopolisé le marché des

immeubles d'habitation ou celui des lotissements en zones résidentielles.

Il n'est plus, aujourd'hui, de grands travaux dont l'Etat ne soit, directement ou indirectement, partie prenante.

La SNCF et l'EDF-GDF construisent des lignes à grande vitesse et des centrales nucléaires.

S'il y avait encore quelques cabanes gauloises
on pourrait les aller visiter
ce serait une sacrée curiosité
mais les urbanistes romains
les architectes romans
les promoteurs gothiques
ont tout démoli sans pitié
ah ! s'il y avait quelques huttes celtiques
qu'on pourrait encore visiter.

Raymond Queneau

Les services publics

L'Etat moderne n'est plus seulement administrateur ; il est aussi industriel et commerçant.

Industriel depuis le début de la IVe République : les Charbonnages de France, E.D.F., les automobiles Renault, etc., sont en effet nationalisés au lendemain de la Seconde Guerre mondiale.

Depuis cette date, l'Etat a considérablement augmenté son potentiel industriel propre ; l'industrie sidérurgique et les chantiers navals lui appartiennent en fait, par subventions interposées et trois des plus grands groupes industriels ont été nationalisés en 1982 (C.G.E., P.U.K., Rhône-Poulenc). Mais toutes ces activités industrielles ne sont pas directement gérées par l'Etat, lequel se borne à nommer les dirigeants et à leur demander de tenir compte des objectifs politiques qu'il poursuit. L'Etat ne gère

L'État est le premier employeur de France

directement que certaines activités comme l'armement (arsenaux) ou la fabrication de cigarettes (SEITA).

Commerçant, l'État ne l'est directement que dans l'armement et les cigarettes. Mais il l'est indirectement dans de très nombreux secteurs, par l'aide qu'il fournit aux entreprises privées (subvention à l'exportation, avantages fiscaux pour certaines activités).

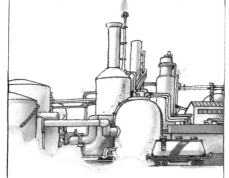

Le tunnel municipal
emporte dans son sac nougat
le principal
c'est-à-dire noire terre humus
*   point charbon*
le terrain ne s'y prête pas
des trous rectangulaires à droite
*   à gauche dans le coin du dos*
éclairent le flot lent qui s'irise
mazout doux tremblement
*   du plomb*

Raymond Queneau

75

L'audiovisuel

La publicité commerciale indirecte ou déguisée est en principe interdite à la télévision.

La TSF de nos grands-parents a bien changé. La *presse parlée*, comme l'on dit aujourd'hui, est maintenant solidement installée au cœur de tous les foyers : radios et télévision inondent tout le pays d'un flot d'informations, de films, de jeux – de qualité variable – et nul n'échappe plus à ce raz-de-marée sonore.

On n'entend plus guère
le repasseur de couteaux
le réparateur de porcelaines
le rempailleur de chaises
on n'entend plus guère
que les radios qui bafouillent
des tourne-disques
des transistors et des télés
ou bien encore
le faible aye aye ouye ouye
que pousse un piéton écrasé

Raymond Queneau

L'Etat détient en principe le monopole des émissions radiodiffusées ou télévisées. L'influence politique évidente de la presse parlée sur ses auditeurs explique que l'Etat ait longtemps voulu s'en réserver le bénéfice exclusif.

Mais depuis de nombreuses années déjà, le monopole n'était plus vraiment respecté : Radio et Télé Monte-Carlo, Radio et Télé Luxembourg, Europe n°1, violaient la loi en feignant de la respecter - leurs émetteurs se trouvent en pays étranger - avec le consentement tacite de l'Etat, lui-même actionnaire de ces fraudeurs ! Aussi le phénomène des radios libres était-il prévisible ; et l'on attend pour demain les chaînes de télévision privées.

Les trois chaînes de télévision appartenant à l'Etat se font concurrence auprès des téléspectateurs. Leur financement est assuré par *la redevance* et *la publicité commerciale*.

L'Etat n'exercera plus de contrôle direct sur les médias de l'audio-visuel ; il pourra seulement intervenir par l'intermédiaire de la *Haute Autorité*, collège de personnalités indépendantes mais nommées par le gouvernement.

Techniciens et journalistes de la radio et de la télévision ne peuvent faire grève librement. Ils sont astreints à un service minimum, notamment pour les informations.

La France dans l'Europe

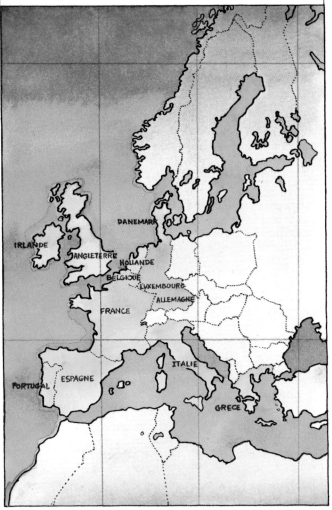

Signataire du traité de Rome de 1957, la France est membre fondateur de la Communauté économique européenne, C.E.E., dont l'objectif était *l'établissement d'un marché commun, et par le rapprochement des politiques des Etats membres, de promouvoir un développement harmonieux des activités de l'ensemble de la Communauté, une expansion continue et équilibrée, une stabilité accrue, un relèvement accéléré du niveau de vie, et des relations plus étroites entre les Etats qu'elle réunit.*

L'appartenance de la France à la C.E.E. influe directement sur la vie économique des Français par l'existence de politiques agricole et monétaire communes, l'élaboration de *directives européennes* sur l'égalité des salaires, la fixation des prix, la liberté d'établissement et de circulation des personnes, la création de règles juridiques communes en matière de libre concurrence, etc.

La C.E.E. s'est d'ailleurs dotée d'organismes permanents : la Commission ; le gouvernement de la C.E.E., avec plus de 11 000 fonctionnaires ; le Parlement européen, élu au suffrage universel, qui vote le budget et contrôle l'activité de la Commission ; le Comité économique et social ; la Cour des comptes ; la Cour de justice européenne, qui règle les litiges nés de l'application du traité.

Aux six pays fondateurs du Marché Commun - la France, la Belgique, l'Italie, l'Allemagne fédérale, le Luxembourg, les Pays-Bas - se sont joints six autres Etats : la Grande-Bretagne, l'Irlande, le Danemark, la Grèce, l'Espagne et le Portugal.

La C.E.E. est une organisation essentiellement économique incapable de créer une véritable politique européenne en matière de défense et de relations extérieures.

La France dans le monde

Ancienne puissance coloniale dont l'empire était le second après celui de l'Angleterre, la France conserve une influence importante dans de nombreux pays étrangers, notamment en Afrique francophone. Sa culture et sa langue bénéficient encore d'une audience dépassant largement le cadre de ses frontières.

Membre permanent du Conseil de sécurité de l'Organisation des Nations unies, la France joue un rôle actif dans

Nations,
je vous offre et l'ordre et la beauté...

Guillaume Apollinaire

cette institution et dans ses branches spécialisées (Organisation mondiale de la santé, UNESCO, UNICEF...)

La France adhère toujours au traité de l'Atlantique-Nord, qui regroupe autour des États-Unis les pays européens occidentaux (Grande-Bretagne, République Fédérale Allemande, Italie, Belgique, Hollande, Grèce, Turquie), mais elle a retiré ses forces armées de l'organisation militaire prévue par le traité.

L'O.N.U. compte actuellement 157 membres.

KOWEIT   JAPON   U.S.A.   CHINE

Mon pays est le monde...

Thomas Paine

Le cosmopolitisme croissant, la présence en France de nombreux citoyens récemment naturalisés et de près de trois millions de travailleurs immigrés sont les meilleurs garants de la permanence du rayonnement de la France dans le monde.

Compte tenu de l'organisation libérale du commerce international – ouverture des frontières, et accroissement des échanges économiques – les Français sont amenés autant à voyager hors du périmètre hexagonal qu'à recevoir chez eux de nombreux étrangers.

O nature, il s'agit de faire un arbre énorme,
Mouvant comme aujourd'hui, puissant comme
demain,
Figurant par sa feuille et sa taille et sa forme
La croissance du genre humain !

Il s'agit de construire un chêne aux bras sans nombre,
Un grand chêne qui puise avec son tronc noueux
De la nuit dans la terre et qui force cette ombre
A s'épanouir dans les cieux !

Il s'agit de bâtir cette œuvre collective
D'un chêne altier, auguste, et par tous conspiré,
L'homme y mettant son souffle et l'océan sa rive,
Et l'astre son rayon sacré !...

Afin qu'il soit robuste, invincible, suprême,
Et qu'il n'ait peur de rien au bord de l'infini !
Afin qu'étant bâti par les destructeurs même,
Des maudits même il soit béni !

Afin qu'il soit sacré pour la mer sa voisine,
Que sa rumeur s'effeuille en ineffables mots,
Et qu'il grandisse, ayant la nuit dans sa racine,
Et l'aurore dans ses rameaux !

Oh ! qu'il croisse ! qu'il monte aux cieux
où sont les flammes !
Qu'il ait toujours moins d'ombre et toujours plus d'azur,
Cet arbre, en qui, pieux, penchés, vidant nos âmes,
Nous mettons tout l'homme futur !...

Victor Hugo

Le petit lexique
du livre de tous les Français

Action en justice
Capacité de saisir
un tribunal d'une
réclamation.

Amnistie
Loi effaçant
le caractère
criminel de certains
faits ou de
certaines
condamnations.
Une condamnation
amnistiée est
censée n'avoir
jamais existé.

Banqueroute
Agissements
frauduleux d'un
commerçant ou
d'un industriel
sanctionnés par
l'emprisonnement.

Barreau
Organisme
professionnel des
avocats auprès
d'un tribunal de
grande instance ou
d'une cour d'appel.
Le barreau est
dirigé par un
bâtonnier,
avocat élu par
ses confrères.

Code
Recueil de lois
concernant la
même matière.
Il en existe de
nombreux : code
civil, code pénal,
code du commerce,
code du travail,
code de la sécurité
sociale, code
administratif...

**Conseil
constitutionnel**
Juridiction de neuf
membres.
Le Conseil
constitutionnel
décide
souverainement et
sans appel de la
conformité d'une
loi avec la
constitution.
Le Parlement,
le gouvernement
et le président de
la République
doivent respecter
ses arrêts.

**Contrainte par
corps**
Emprisonnement
d'une personne
refusant de payer
une amende au
Trésor public.
C'est la dernière
survivance de la
fameuse « prison
pour dettes ».

**Convention
collective**
Accord
professionnel sur
les conditions de
travail conclu entre
un ou plusieurs
employeurs et un
ou plusieurs
syndicats.
L'accord bénéficie
à tous les salariés
même non
syndiqués.

Extradition
Remise d'un délinquant étranger par l'Etat français à l'Etat qui le réclame pour le juger.

Détention provisoire
Emprisonnement d'une personne soupçonnée d'avoir commis une infraction grave mais qui n'a pas encore été jugée.

Dol
Tromperie, ou mise en scène, destinée à amener quelqu'un à conclure un contrat contraire à ses intérêts.

Force majeure
Evénement tout à fait imprévisible et insurmontable qui explique qu'une personne ne puisse respecter ses engagements civils.

Force publique
Membres de la police et de l'armée agissant sous les ordres du gouvernement pour l'exécution des lois et des jugements.

Garde à vue
Arrestation provisoire d'une personne par la police ; elle ne peut excéder 48 heures.

Grâce
Décision discrétionnaire du président de la République supprimant ou réduisant la peine infligée à un condamné.

Emancipation
Attribution, par le mariage ou par décision du juge des tutelles, de la pleine capacité juridique à un mineur qui, de ce fait, devient majeur civilement.

Forfaiture
Crime commis par un fonctionnaire dans l'exercice de ses fonctions.

Frais de justice
Droits et taxes perçus par l'Etat lors d'un procès

Haute cour
Juridiction d'exception formée par le Parlement qui juge les crimes commis par le président de la République et les membres du gouvernement.

Huissier
Officier ministériel rédigeant des constats et assurant l'exécution des décisions de justice (saisie, expulsion...).

Incompatibilité
Interdiction légale d'exercer simultanément plusieurs fonctions (exemple : juge et député, avocat et commerçant).

Inculpé
Personne officiellement suspecte d'avoir commis une infraction.

Juré
Personne désignée par tirage au sort pour être juge dans une affaire criminelle.
Chaque cour d'assise comprend 9 jurés et 3 magistrats professionnels.

Jurisprudence
Ensemble des décisions déjà rendues par les tribunaux dont s'inspirent les juges pour statuer sur les nouveaux procès.

Légitimation
Reconnaissance officielle à un enfant naturel du statut d'un enfant né de parents mariés ; elle résulte du mariage des parents ou d'une décision de justice.

Libéralité
Acte par lequel une personne consent un avantage à une autre sans contrepartie financière (legs, donation, cadeau...).

Libération conditionnelle
Mise en liberté anticipée d'un condamné ayant déjà effectué les deux tiers de sa peine et donnant des gages sérieux de repentir.

Mandat
Ordre donné par un magistrat à un policier (exemples : mandat d'arrêt, mandat de dépôt, mandat d'amener).

Médiateur
Personne nommée par le président de la République pour tenter de résoudre les litiges existant entre un citoyen et l'administration lorsque la justice a échoué.

Ministère public
Ensemble des magistrats chargés de poursuivre les délinquants devant les tribunaux répressifs. Le ministère public c'est *l'accusation*.

Notaire
Officier ministériel chargé de rédiger certains contrats entre particuliers : contrat de mariage, donation, vente d'immeuble...

Nullité
Vice affectant un contrat ou une procédure et lui ôtant toute valeur légale.

Opposition
Procédure permettant de faire rejuger un procès dont on était absent.

Ordre public
Ensemble des règles d'intérêt général qui s'imposent à chacun dans ses affaires privées.

La violation d'une règle d'ordre public dans un contrat entraîne sa nullité.

Partie civile
Victime d'une infraction qui réclame vengeance et indemnisation devant un tribunal répressif.

Personne morale
Groupement de personnes physiques à qui la loi reconnaît en propre des droits et des obligations spécifiques.
Les sociétés, les associations, les partis politiques, les syndicats sont des personnes morales.

Preuve
Fait ou document produit en justice pour prouver l'existence d'un droit ou d'une circonstance. Les tribunaux admettent comme preuve le serment, l'aveu, l'écrit, le témoignage ou les indices.

Promulgation
Signature par le président de la République d'une loi votée par le Parlement ; la promulgation rend la loi exécutoire sur tout le territoire français.

Quasi-contrat
Action d'une personne au profit d'une autre sans accord préalable mais entraînant les mêmes conséquences qu'un contrat (exemple : intervention d'un voisin pour éteindre un incendie).

Quasi-délit
Imprudence dommageable qui n'est pas sanctionnée pénalement mais oblige à réparation sous forme de dommages et intérêts.

Recel
Fait d'acquérir ou de détenir, en connaissance de cause, un objet volé. Le recel est puni plus sévèrement que le vol.

Référé
Procédure extrêmement rapide, quelques heures parfois, permettant d'obtenir une décision de justice immédiatement exécutoire, comme la saisie d'un livre diffamatoire.

Saisie
Procédure permettant de prendre ou de faire vendre les biens ou le salaire d'un débiteur récalcitrant.

Sentence
Décision rendue par un arbitre, juge privé, choisi librement par deux personnes en litige.

Témoin
Personne qui vient déposer, sous serment, devant un juge ou un tribunal. Le faux témoignage est puni de prison.

Transaction
Accord par lequel deux personnes mettent fin à un procès en se faisant des concessions réciproques.

Usufruit
Droit de se servir d'une chose ou d'en recevoir les revenus mais non de la vendre ou de la donner.

Usure
Convention affectant un prêt d'argent d'intérêt trop élevé (au-dessus de 30 % environ).
L'usure est punie de prison.

Valider
Confirmer, déclarer valable.

Voie de fait
Atteinte illégale à une liberté ou à un droit de propriété par un fonctionnaire. Commises par un particulier, les voies de fait sont des violences physiques ou morales légères.

Voie de recours
Procédure permettant un nouvel examen d'un procès déjà jugé. Il en existe plusieurs : appel, opposition, cassation, révision.

Biographies

Olivier de Tissot est né en 1941, à Nice. Professeur de droit à l'École supérieure des sciences économiques et commerciales (ESSEC) et à l'université de Paris XIII, il écrit aussi des livres destinés au grand public. Mais c'est la première fois qu'il s'adresse à un public aussi exigeant : les enfants. Il aimerait que le droit soit toujours aussi plaisant que les dessins de Blachon.

Roger Blachon est né en juin 1941 dans la Drôme. Professeur de dessin, il se tourne rapidement vers la publicité puis vers le dessin d'humour. Il illustre des livres pour enfants et pour adultes et travaille pour la presse française, américaine et allemande essentiellement. Son thème préféré reste les oiseaux mais quand on lui parle de ses passions, il évoque le rugby et surtout ses deux chèvres dont il souligne l'intelligence et la beauté.

89

Table des matières

91

Table des poèmes

Nous remercions Messieurs les Auteurs et Éditeurs qui nous ont autorisés à reproduire textes ou fragments de textes dont ils gardent l'entier copyright (texte original ou traduction). Nous avons par ailleurs, en vain, recherché les héritiers ou éditeurs de certains auteurs. Les œuvres ne sont pas tombées dans le domaine public. Un compte leur est ouvert à nos éditions.